AF229196

DE
L'ÉTAT ACTUEL
DE LA FRANCE.

DE

L'ÉTAT ACTUEL

DE LA FRANCE.

Une voix faible et inconnue s'élève.....
si elle flatte, elle est coupable......

VOLTAIRE, *Panégyrique de Louis* XV.

PARIS,

CHEZ TOUS LES LIBRAIRES DU PALAIS-ROYAL.

1821.

AVERTISSEMENT.

Un homme qui ne dépend d'aucun parti, qui subit tout ce qui est nécessaire : le trône et la liberté ; qui n'aime pas qu'on exige des autres l'impossible, et surtout ce dont on n'est pas soi-même capable, se propose d'examiner si notre situation présente n'est pas supportable ; si en effet, quoique le mieux pût se réaliser, le bien actuel n'est pas digne de quelques éloges. On appréciera ses raisons.

Si l'on cherche ici du scandale, on n'en trouvera pas. L'auteur juge sans faveur et sans dépit ; il prend l'humanité pour ce qu'elle est, et les choses pour ce qu'elles valent.

TABLE DES CHAPITRES.

Avertissement.

Chap. Ier. État réel de la France. 1

— II. Du parti aristocratique et de ce qu'il
pourrait. 8

— III. Du parti libéral et de ses entraînemens. 15

— IV. Des précautions prises contre le parti
populaire, et de leurs effets. 24

— V. De l'exigeance des partis à l'égard du
ministère. 31

— VI. De l'inopportunité de faire en ce moment des lois organiques. 40

— VII. De l'exécution dans le gouvernement
représentatif. 47

— VIII. Des véritables dangers de notre état
actuel. 52

— IX. Du langage qui conviendrait au ministère. 61

— X. Conclusion. 64

DE L'ÉTAT ACTUEL DE LA FRANCE.

CHAPITRE PREMIER.

Etat réel de la France.

Il y a des partis en France, et tous les partis ont leur but. Ils savent que, pour y arriver, il faut faire corps; ils menacent donc d'un danger imminent pour réveiller le zèle de leurs amis et les rallier autour d'eux. Nouveaux Codrus, ils se mutileraient volontiers pour exciter la pitié; mais comme toute cause réputée faible est faible en effet, ils reprennent avec je ne sais quelle adresse oratoire, ils font des bravades, dénombrent complaisamment leurs partisans, invoquent le Dieu des armées, en se promettant la victoire. Ou je m'abuse, ou les partis font les faibles d'abord pour exciter l'intérêt, et font les forts ensuite pour exciter l'espérance.

De là il résulte un double mensonge : premièrement, le danger extrême dans lequel ils se supposent eux-mêmes et l'état ; et secondement, les forces disponibles qu'ils s'attribuent, de manière que la patrie paraît un instant perdue et un instant tout en armes.

Ecoutez les uns : la France est démoralisée et à la veille de l'anarchie ; mais le grand nombre, qui n'est plus immoral ni anarchique, va s'unir et se coaliser. Ecoutez les autres : la nation calme et bienveillante pour le pouvoir est livrée sans défense à la cruelle aristocratie ; mais tout à coup, cette nation qui n'est plus ni faible ni facile, va s'armer et se défendre. Voilà comment des deux côtés on nous montre nôtre France, qui n'est rien de tout cela, mais qui est paisible, industrieuse, occupée à ses travaux, tranquille sur son sort quoique troublée quelquefois. Je crois voir un fleuve qui coule ; vingt bruyans discoureurs sont sur les bords et s'écrient : il va dévier... Il passera à droite — non, à gauche — non, il remontera vers sa source ;

et le fleuve continue de couler, de fertiliser et d'embellir ses bords.

Toutes les supériorités, tous les mérites, toutes les puissances enfin, qu'une noblesse faible, et un pouvoir mal constitué, prétendaient conduire en laisse avant la révolution, ont renversé leurs entraves, pris leur essor, et obtenu leur place. Je suis persuadé qu'en conservant l'ancien ordre de choses, on pouvait faire droit à ces nouvelles existences, mais il fallait ne pas refuser et surtout ne point avoir l'air de refuser. Parlons franchement, mieux valait le machiavélisme, c'est-à-dire, retirer de fait ce qu'on aurait accordé en droit ; mais on n'a pas voulu l'entendre, et ce qui eût été un traité est devenu une guerre, une défaite, une extermination. Maintenant le mal est réalisé. Ne faisons pas comme les parens du mort, qui accusent le médecin, les remèdes, la nature et le ciel. Laissons-là les torts. La digue est renversée, les supériorités ont fait leur route ; des avocats sont devenus ministres, des soldats maréchaux. Il n'est point vrai que les distinctions de classes soient abolies, seulement chaque classe a une porte ouverte sur la classe supérieure. Le moule social est conservé, mais il y a circulation intérieure. Nous examinerons plus tard où est le danger.

Je vois aujourd'hui assis ensemble sur les siéges de la magistrature suprême, des guerriers, des jurisconsultes, des spéculateurs industrieux, des écrivains, des philosophes tous plébéiens autrefois, placés maintenant à côté des vieilles races, et sinon fraternisant, du moins délibérant ensemble.

La propriété est divisée et ne peut plus s'aglomérer ; quelques fonds de terre immobilisés pour porter des titres, ne peuvent pas constituer l'aristocratie territoriale. Aucune loi n'empêche les spéculations, et, sous ce rapport, l'industrie n'a à redouter que l'exigeance de l'étranger. L'aristocratie est donc ce que la France a le moins à redouter. Sans doute l'orgueil plébéien s'irrite lorsque les saillies d'une antique vanité viennent blesser le sentiment de ses forces réelles, mais il s'apaise bientôt, car il sait sa condition. Son sort est de fléchir sous tout ce qui est élevé, ne fût-ce que d'hier. Ce qu'il lui faut, c'est la possibilité d'arriver, et cette possibilité existe.

Les négocians sur leurs quais chargés de richesses, les manufacturiers dans le sein de leurs ateliers, les laboureurs sur un sol qu'ils savent leur appartenir, craignent-ils l'aristocratie ? Quelques prétentions immodérées, quelques propos insensés, peuvent-ils les effrayer ? Craignent-ils le conseil des dix, ou bien une longue échelle aristocratique dont le pied reposant sur les dernières classes, remonterait jusqu'aux plus élevées, et où chacun occuperait éternellement sa place ? Une pareille organisation est-elle possible, chez une nation éminemment mobile et impatiente, qui aime à voir se succéder rapidement les hommes et les choses ; qui se serait fatiguée à la fin d'un maître toujours victorieux, comme elle s'est fatiguée de crédulité et d'incrédulité. En France, où chaque opinion, chaque spectacle, chaque science, chaque système a une saison, les degrés, l'immobilité seraient possibles ! Non, la France ne redoute rien de semblable : elle s'effraye peu des revenans.

Mais dites au commerçant, que la suprématie nationale est compromise; au laboureur, que l'ennemi est près de la frontière; à ceux qui possèdent, que la propriété est menacée; à tous enfin, que l'ordre est en péril, et ils vont être debout. Dans les comptoirs, sur les places publiques, on se demandera : sommes-nous tranquilles....?

Telle est la masse. Cette immense population qui a beaucoup acquis par les révolutions a été trop froissée cependant, pour ne pas les redouter singulièrement. Tout endolorie encore, elle demande du repos à son gouvernement et à ses députés, elle demande à fructifier sous un ciel serein et à l'abri des orages.

La France, comme on le dit souvent, n'est donc point disposée à s'armer pour repousser des dangers qui n'existent nulle part. Seulement elle veut n'être plus livrée aux factions, ni leur servir de champ de bataille. Qu'on n'en croie donc point la vive imagination des partis. S'ils se flattent, ils ne voient que des amis; s'ils ont peur, ils ne voient que des ennemis. Les Français ne sont ni pour ni contre ; tranquilles au sein de leur ruche, ils produisent tandis que d'autres disputent, et ils veulent seulement n'être pas compris dans la querelle.

CHAPITRE II.

Du parti aristocratique et de ce qu'il pourrait.

Des deux partis qui divisent la France, il en est un qui s'appelle exclusivement royaliste, et qui, en cette qualité, s'agite avec orgueil et réclame impérieusement la confiance du monarque, dont il porte le nom et les enseignes. Il faut se défier de tant de bruit. Si on observe la nation, on verra que l'attachement à la royauté et à la liberté constitutionnelle est le sentiment aujourd'hui le plus général et le plus profond chez elle. Toutefois elle ne fulmine pas pour la royauté et pour la liberté. D'où vient donc cette exaspération de certains hommes......? Ils ont perdu, ils ont été dépouillés, ils ont des ressentimens. Ceux qui ne connaissent pas l'humanité pourraient seuls leur en vouloir. Justice égale pour tous : la France nouvelle tient à ce qu'elle a acquis ; la France ancienne doit pouvoir regretter ce qu'elle a perdu.

Ceux que j'excuse ici, protesteront sans doute contre une pareille indulgence. Ils assureront que le dévouement au trône est tout chez eux; soit. Nous examinerons bientôt ce qu'ils peuvent, et ce qu'ils doivent pour la royauté. Mais qu'ils nous permettent de supposer un instant qu'ils ont un intérêt dans la lutte, et de raisonner avec cet intérêt.

Un parti doit d'abord se demander ce qu'il peut, et répondre sans vanité. Que peut donc celui dont il s'agit ici? Ses membres sont en petit nombre, on les compte; leur opinion est incommunicable, elle n'est pas contagieuse comme celle de leurs adversaires, parce qu'elle ne parle point aux passions générales, aux intérêts universels. Dès-lors, réduits à eux-mêmes, allégueront-ils pour se faire des partisans, les dangers de la religion et de la royauté? Ils pourront être sincères, mais on ne les croira pas, et voici pourquoi : on ne sert pas la religion en cabalant pour elle, en donnant des représentations ridicules, en l'étayant de secours matériels. Quant à la royauté, elle ne se voit point en péril, et si elle avait besoin d'aide, elle s'adresserait à la nation avec certitude d'être écoutée. Ainsi, quelques déclamations ne mettront pas la France sous les armes.

N'emploiera-t-il aucun de ces moyens; poursuivra-t-il par les voies constitutionnelles une organisation impossible? Tâchera-t-il, à la faveur d'une majorité passagère, de réaliser les rêves de quelques insensés? Des corporations! des gradations sociales! une hiérarchie de conditions! Eh! bon Dieu, qui pourra croire aux bienfaits d'un pareil ordre de choses? Qui pensera qu'avec ces catégories, la morale, le repos, le bien-être vont être rétablis en France? Il y a aujourd'hui en fait de distinctions tout ce qui existait autrefois, des nobles et des non nobles, des employés et des non employés, à part la considération que des lois ne peuvent pas leur rendre. Quant aux corporations, la question est depuis long-temps décidée : on sait que l'œuvre industrielle ne se fait pas moins bien depuis l'abolition des jurandes ; que la concurrence sans la maîtrise, est une garantie suffisante pour le public consommateur ; que les intérêts, quoique non encadrés, se défendent aussi bien, et savent au besoin, se grouper pour se soutenir; enfin, qu'il n'est pas nécessaire de rétablir vingt petites patries, pour les voir se déchirer dans le sein de la patrie mère. La France n'ignore pas cela ; mais parlons à l'intérêt du parti qui voudrait ressusciter de pareilles vétustés. En sera-t-il plus puissant ? Espère-t-il maîtriser la population quand il l'aura enrégimentée, et la tenir par un bout au moyen des syndics et des prieurs ? Ne se souvient-il plus que rien n'est difficile à manier comme ces chefs de petits états ; que rien n'est susceptible comme ces dignités plébéiennes ? Ne sait-il point, par une terrible expérience, que les intérêts populaires réunis en sont plus forts, et qu'il réorganiserait par les jurandes ces redoutables communes, qui, en s'élevant progressivement, ont enfin renversé l'aristocratie ?

Il s'abuse donc de toutes les manières : peu nombreux, sans moyen d'acquérir des partisans, ne pouvant se renforcer d'aucune institution, à quoi prétend-il pour lui-même ? Ne songerait-il réellement qu'à la royauté ? Mais il la dessert et la compromet. En parlant toujours de dangers imaginaires, on les fait naître ; en effrayant d'une puissance qui n'existe pas , on provoque un armement chez ses adversaires ; en menaçant la France de vieilles institutions impossibles, et d'ailleurs inutiles, on répand le trouble et l'on détruit la sécurité dont le pouvoir a besoin.

Ce parti n'a qu'un moyen direct de se satis-faire. Les distinctions sociales existent, qu'il les rende exclusives. On lui a ravi ses propriétés , qu'il les reprenne, mais sans hypocrisie et sur-tout sans menaces , car il vaut mieux attaquer que menacer. Les partis se compromettent au-tant en faisant peur qu'en faisant mal. Un chef habile dira toujours : Frappez votre ennemi, si vous pouvez, mais ne l'effrayez pas.

Mais comment pourraient-ils exécuter une pa-reille attaque ? Sans partisans, sans multitude dévouée , ils n'ont d'autre ressource que d'arri-ver au pouvoir. Je les y vois, et je me figure déjà ce qu'ils y feraient. Ces hommes ont toutes les vanités à la fois ; jadis ils avaient celle de la nais-sance et des beaux airs , maintenant ils en ont bien d'autres. Quelques rêveurs d'entre eux re-doutant la clarté, ont obscurci le droit public et se sont crus profonds. D'autres ont servi sous l'empire, et depuis ils se regardent comme passés maîtres en fait de gouvernement. Ainsi, ils ont, selon eux, profondeur de théorie et vigueur d'exécution. Ils demandent donc le pouvoir d'une manière fort leste. L'ignorance du danger les rend audacieux, et parce qu'ils méprisent tout ce qui n'est pas eux, ils s'imaginent avoir cette supériorité du conquérant renversé qui jugeait l'humanité de toute sa hauteur. D'obscurs administrateurs sous ce terrible maître croient l'égaler. On sait qu'il est facile d'effrayer l'humanité; on sait que l'audace lui en impose, que le regard fixe d'un Sylla ou d'un Bonaparte la fait trembler; mais ces deux colosses ne faisaient point d'esprit et ne parlaient jamais de ce qu'ils pouvaient. Ils n'avaient pas de la vanité, mais un orgueil immense; ils méprisaient vraiment l'espèce, parce qu'ils la sentaient faible et se sentaient forts; ils étaient si hauts qu'ils n'avaient point de vues à combattre, et que ce qu'ils pensaient ou voulaient, tout le monde croyait le penser ou le vouloir. Mais ces petits rivaux, je les vois, s'agitant dans un ministère, voulant frapper ici, frapper là, répandant du sang, ce qui n'est pas difficile, et toutefois ne portant pas un coup assuré ; faisant des victimes sans succès pour eux, troublant la nation, compromettant le trône, et tombant tout à la fois ridicules et odieux. Mais pour être odieux, il faut être puissant. Faibles et criminels, c'est trop. Qu'ils se désabusent donc, et qu'ils soient plus avisés pour eux, pour le monarque et pour nous.

CHAPITRE III.

Du parti libéral et de ses entraînemens.

S'il y a un véritable danger en France, s'il y a un parti à redouter, non à cause de ses intentions, que je n'accuse pas, ni de sa puissance qui est loin d'être ce qu'il la suppose, c'est le parti qui s'appelle exclusivement national, comme un autre s'appelle exclusivement royaliste.

Les opinions que professe ce parti sont éminemment électriques et communicables; elles se répandent en un instant et envahissent les imaginations aussitôt qu'elles sont énoncées. Qu'un parti purement aristocratique se couvre de l'intérêt de la royauté; qu'il parle des droits sacrés du malheur; qu'il réveille les sentimens que nous inspirent plusieurs siècles de vie commune avec notre dynastie : on ne sera pas entraîné. L'homme est laissé à lui-même; il peut

distinguer encore aux visages de ceux qui lui parlent, à leurs accens, à leur conduite, la person-
nalité de leurs motifs. Mais qu'on s'adresse à
la multitude accoutumée à n'être rien ; qu'on
flatte en elle le sentiment de sa force collective ;
qu'on parle à chaque homme de son indépendance ; qu'habitué à se regarder comme une
unité perdue, on exalte à ses yeux la valeur de
son unité morale ; qu'on flatte l'orgueil d'un
peuple vainqueur de ses anciens maîtres et na-
guère conquérant de l'Europe ; on l'ébranlera
profondément, et il n'aura ni le temps ni la volonté de s'enquérir si on le trompe. La masse
soulevée répondra avec enthousiasme, et le parti
qui s'appelle national, peu nombreux aujour-
d'hui, rattachera à sa cause, si on laisse se ré-
pandre cette active sympathie, toutes les imaginations ardentes et oisives , toutes les existences
comprimées et chagrines , toutes les individua-
lités qui ont besoin de se sentir, de s'agiter, de
se manifester de quelque manière.

Les chefs du parti libéral ne nient pas la puissance de certaines opinions sur la multitude ; au
contraire, ils en tirent vanité. Mais ils parlent de

leurs intentions que je crois bonnes, et de leurs intérêts que je sais nombreux. Comptez nos fortunes, disent-ils ; nous possédons, et nos mandataires possèdent aussi. Nous ne voudrions, ni les uns ni les autres, nous exposer à perdre. Mais non, sans doute, ils ne le voudraient pas, qui le conteste ? Cependant voici ce qui arrive dans toutes les révolutions. Les abus produits par le mouvement social servent de prétexte aux innovations que l'on réclame. La classe moyenne, sur laquelle ces abus pèsent, en demande le redressement et n'est pas écoutée. Elle insiste pour obtenir une réforme, mais ces nouveaux efforts ne sont pas plus heureux. Alors elle s'indigne, s'irrite et appelle au secours. Les prolétaires entrent en scène et la question de droit devient une question de force. L'autorité, encore toute puissante, s'effraie pourtant, hésite, offre de composer. Les états se réunissent, on délibère tant qu'on peut ; mais il est tard. Les masses sont émues : elles courent aux portes des assemblées offrir des secours, adresser d'impérieuses suppliques, prescrire des moyens de salut, et la subversion est dans l'état.

2

Les hommes qui voulaient réformer la nation en 1789, n'avaient certainement pas l'intention de la désorganiser ; ils possédaient, pour la plupart, non-seulement les biens de la fortune, mais la gloire des armes, ou des lettres ou des sciences, autres biens qui ne font pas, comme l'intérêt, commettre des bassesses, mais des folies. Ils avaient tout cela; ils avaient peu à acquérir, beaucoup à perdre, et ils excitèrent ce mouvement terrible qui les a eux-mêmes précipités.

La société se compose d'un extrême en ignorance et en pauvreté; d'un extrême en intelligence et en fortune; d'un milieu en tout cela. Dans les momens de trouble, le milieu qui est calme, comme la médiocrité, demeure en repos; mais les deux extrêmes s'agitent, l'un pour acquérir, l'autre pour commander, tous les deux pour satisfaire leurs passions. Et ces déchiremens n'ont pas une époque fixe, un moment déterminé dans chaque état. Ils sont possibles à chaque instant, parce que cette disposition à l'envahissement est permanente; parce que c'est l'égarement des hautes facultés mal conduites, mal employées dans les sociétés modernes. On dira que ce n'est plus le temps des soulèvemens. Ce n'est plus le temps ! Voyez la foule : quel besoin elle a d'action et de spectacle ! Regardez, dans les classes supérieures, si des caractères énergiques, amoureux de cette unanimité des suffrages populaires, ne se prononcent pas dès que les débats s'échauffent ; regardez le front de certains hommes, et jugez s'il n'y a pas là des dominateurs possibles et qui n'attendent que l'occasion.

La France n'a aujourd'hui qu'une garantie contre ces bouleversemens de la société, ce sont les frayeurs de la classe moyenne. Cette classe appuierait le pouvoir, si elle en était requise, parce qu'elle a tout à perdre et rien à gagner au désordre. Mais qu'on abandonne le mouvement à lui-même, qu'on laisse le pas se hâter, il se précipitera bientôt et deviendra irrésistible, car là, comme dans le monde physique, la vitesse suit les lois de l'accélération.

On croit rassurer pleinement en expliquant le sens de certaines maximes, telles que souveraineté du peuple, égalité, etc. Oui, dans quel-

ques têtes, il en est ainsi. On ne pense pas que
le peuple, s'il est la première origine des pouvoirs, les doive exercer ; on ne pense pas
qu'il faille passer le niveau sur toutes les émi-
nences sociales. Vous et vos disciples, tout
le monde même, si vous le voulez, est d'accord là-dessus. Mais il s'agit moins de ce qu'on
pense aujourd'hui que de ce qu'on pensera demain ; car les opinions suivent les périodes des
passions populaires. Croit-on que les consti-
tuans ne savaient pas ce que signifiaient ces mots
de souveraineté et d'égalité, etc. ? Cependant peu
à peu l'opinion s'exalta avec les passions, l'esprit secoua toute prudence, les idées devinrent
absolues, la souveraineté du peuple ne fut plus
une abstraction, mais une expression positive
et rigoureuse. L'égalité fut prise dans toute l'é-
tendue du mot. Les hommes égaux en membres
et en appétits crurent devoir être traités égale-
ment ; Dieu même devint presque leur égal,
car ils le comprirent dans leurs lois. Enfin si
l'on veut un exemple frappant du progrès des
idées, une preuve que dans tous les états des
passions, il se forme une conviction analogue,

voyez comment raisonnèrent les juges de l'infortuné Louis XVI. A l'ouverture des états généraux, on l'avait regardé comme faisant à la nation une concession paternelle. En lui offrant la constitution de 91 , on le considéra comme une simple partie contractante, et, enfin, lorsque ce malheureux prince, appelé devant la Convention, y fut jugé; lorsqu'on réclama pour lui l'exécution d'un pacte réciproque et d'après lequel il n'était passible que de la déchéance, semble-t-il que des hommes qui raisonnaient encore très-fortement sur plus d'une question, pussent nier l'évidence de cette conclusion; *vous avez promis librement, exécutez.* Eh bien ! voici comment ils répondirent : « Il n'y a de « contrat légitime que celui qui est fondé sur « la raison; il est contre raison de stipuler l'impunité en faveur d'un prince qui commettrait « des crimes; nous ne sommes donc pas enga- « gés. » Et ces hommes avaient aussi leur conviction. Voilà où en arrivent les esprits. Il ne faut donc pas juger de l'état des opinions d'après l'état actuel, mais d'après l'état à venir et possible des passions publiques.

Si donc il y a lieu de concevoir des alarmes, c'est de la part des opinions populaires. Les opinions aristocratiques sont peu nombreuses et incommunicables ; les autres sont au contraire éminemment entraînantes. On a beau répéter que les soulèvemens ne sont plus possibles, rappeler que sous les Stuarts le peuple n'attaqua plus, mais fut attaqué. C'est qu'à chaque mouvement on s'alarmait, et l'entraînement était suspendu. Qu'on permette donc les craintes et les précautions ; qu'il soit loisible aux amis de la charte, aux plus chauds partisans des intérêts universels de l'humanité, de s'effrayer lorsqu'ils voient les cœurs s'échauffer et la fièvre renaître. Le parti populaire a commis des fautes, on ne saurait le nier. Il a été menaçant, insultant même. Il n'a pas toujours été inactif et seulement parleur. Il a agi ou tenté d'agir, et ce n'est pas la volonté qui lui a manqué. Ses chefs se justifient en disant qu'ils n'ont pas pu répondre de ce qui se passait à deux cents lieues ; qu'ils n'ont pas pu s'opposer à certains choix qu'ils avouent être un tort ; qu'ils n'ont pas délibéré avec les auteurs de certains mouvemens,

et que, n'ayant pas déliberé, ils n'ont pu empêcher. Je regarde cette justification comme ex-
cellente ; je pense avec eux qu'ils ne sont pas
responsables ; mais ils sont donc impuissans,
mais leur parti les dépasse ; ils ne peuvent pas le
conduire, ils sont hors d'état de répondre de
notre avenir.

Les épicuriens disaient de Dieu qu'il était im-
puissant ou malfaisant, c'est-à-dire qu'il voulait
le mal, ou ne pouvait pas l'empêcher ; et les épicuriens faisaient un sophisme. Mais en s'adres-
sant aux chefs du parti populaire, on leur fait
une objection sans réplique. Votre parti a fait
des fautes : ou vous les avez voulues, ce que je
ne crois pas, ou vous n'avez pu les empêcher.
Dans le premier cas, vous êtes coupables; dans
le second, vous n'êtes pas maîtres de votre parti,
et vous ne pouvez pas garantir sa conduite.

CHAPITRE IV.

*Des précautions prises contre le parti populaire, et
de leurs effets.*

Il n'est donc point surprenant que le parti
populaire ait inspiré des craintes ; il ne doit pas
s'étonner qu'on ait pris des précautions pour rassurer la dynastie et la nation, éprouvées l'une et
l'autre par de si longues, de si cruelles souf-
frances.

Au nombre des mesures qui ont été adoptées,
la principale, celle qui a excité les mouvemens
les plus passionnés, est sans contredit le chan-
gement de la loi d'élection. On ne doit pas, je
le sais, renouveler une discussion qui a excité
tant d'emportemens, et qui réveille des souve-
nirs trop pénibles ; mais parlons de ses effets.

Les partisans des opinions populaires croient
et croiront long-temps encore que la nation est
sacrifiée et leur cause perdue par ce mode d'é-

lection. Ils se persuadent que les choix produits par cette loi, en sont le fruit nécessaire et non celui des circonstances. Cette conviction rend plus amer le souvenir de leur défaite, et plus grand encore leur ressentiment contre les auteurs de la loi.

Or, il y a dans cette croyance une erreur qu'il faut détruire. La loi nouvelle, comme celle qui l'a précédée, comme celle qui la suivra, peut-être, prescrit le vote, mais elle ne force pas le choix. La liberté du suffrage est pleine, entière, non contestée. Le bulletin de l'électeur est toujours le résultat de sa foi politique; et il est évident, du moins pour moi, que de quelque manière que la population électorale soit combinée, les députations seront le résultat de l'opinion des intérêts dominans dans les colléges. On voudra me convaincre d'erreur, en citant les nouvelles élections; mais j'expliquerai bientôt la cause qui a dénaturé les produits électoraux, et, l'objection détruite, la loi, que je ne justifie ni ne blâme, redevient ce qu'elle est, un moyen comme un autre d'appeler des députés nationaux.

Je l'ai déjà dit, les opinions populaires sont entraînantes. Il y a en elles quelque chose de progressif qui fait qu'elles vont s'exagérant, parce qu'il est dans la nature de l'homme de s'exalter bientôt dès qu'il s'anime. Ces opinions, conciliées dans la charte avec toutes les doctrines de la monarchie modérée, étaient accueillies du pouvoir, et le sont encore aujourd'hui, quoique avec plus de défiance. Ces opinions régnaient donc, et le peuple des électeurs courait dans les colléges exprimer par ses députés, des vœux qui avaient la sanction du trône; mais la passion s'en est bientôt mêlée, parce qu'en France elle se mêle de tout. Les choix ont pris un caractère plus prononcé; ils n'ont même pas tardé à devenir hostiles.

Que fallait-il faire? laisser le mouvement s'accélérer, l'audace s'accroître, et toute la Convention reparaître? Non sans doute, et les droits des Bourbons, notre propre repos et la volonté même de l'Europe, tout prescrivait le devoir de prévenir une nouvelle catastrophe. On peut bien penser que les peuples ne sont point une propriété pleine et entière léguée aux rois, cependant il faut convenir que tout droit acquis et non naturel, repose sur la possession ; que l'autorité, par une longue occupation, devient une possession respectable dans les mains d'une race, et qu'enfin l'intérêt public, d'acord avec celui de cette race, achève de consacrer et de compléter le droit. Outre les droits de la dynastie régnante, outre l'intérêt qu'elle doit nous inspirer, il y a pour nous une raison de les maintenir, raison de haute et indispensable politique, c'est le besoin de rassurer l'Europe, et de la convaincre que nous sommes corrigés des folies qu'on nous impute.

Une hostilité contre la dynastie était donc une hostilité contre la France, contre son repos et son indépendance, une provocation contre l'Europe tout entière. Il fallait donc rapporter la loi accusée de tant de maux, et eût-elle tort ou non, le ministère en fût-il ou non convaincu, il devait obéir à tant de craintes et proposer des modifications.

Alors la nation avertie du péril s'est arrêtée, et son appréhension de l'avenir, dans lequel on l'entraînait, a fait voir ses dispositions véritables. La nation aime ses rois qu'elle a toujours aimés ; elle aime la liberté, la juste distribution des droits, cette équité enfin à laquelle elle doit d'être ce qu'elle est aujourd'hui. Mais ces biens obtenus, elle ne veut rien au-delà, et toute exagération la blesse, parce qu'elle compromet sa possession d'état. La nation n'est point allée dans les colléges rétracter ses choix, mais elle s'est mise à l'écart, elle s'est retirée avec effroi, comme redoutant une sorte de complicité, et le parti aristocratique demeuré seul a eu tout l'avantage.

Telles sont en ce moment les dispositions de la nation française : elle n'est point indifférente en politique, elle n'est point insouciante de ses droits ; mais elle est incertaine, indécise, et ne sait pas précisément quelle route tenir. Quand je parle de la nation, je ne veux pas dire cette partie prononcée de part et d'autre, qui ne s'écarte jamais ; mais cette portion moyenne qui est moins obstinée, plus impartiale, parce qu'elle est moins engagée, plus nombreuse, et qui, ne le serait-elle pas, ferait encore la majorité en se portant de l'un ou de l'autre côté.

Une sorte de scrupule s'est emparé de ces hommes; ils n'osent plus concourir aux destinées de
leur patrie, ils craignent de lui être nuisibles
sans le vouloir. Un moment, ils ont coopéré au
bien commun, en remplissant avec zèle leurs devoirs d'électeurs; mais l'imprudence de certains
choix les a alarmés; ils ont craint une solidarité
funeste, et se sont retirés dégoûtés plus que jamais de leurs fonctions. Il faut du courage pour
s'exposer même à une erreur, lorsqu'il s'agit du
bonheur de tous, et la classe dont nous parlons
manque d'énergie. De là, cet état des élections
tel qu'il nous est connu. Les candidats du parti
populaire ont eu les voix des hommes prononcés, mais il leur fallait encore celles des hommes, qui, pensant peut-être comme eux, se
défient pourtant et aiment mieux ne rien faire
que mal faire.

Je répugne à adresser des reproches; je
sais gré aux hommes du bien, car il est toujours volontaire; je n'ose blâmer le mal parce
qu'il est souvent entraîné. Cependant c'est aux
masses plus encore qu'aux individus que les
imputations doivent être épargnées; elles cèdent

à je ne sais quel mouvement que tous produisent et qu'aucun ne peut s'attribuer. Je ne reprocherai donc pas au parti qui s'appelle national d'avoir excité de telles alarmes ; mais, s'il fallait absolument trouver des torts, qui les aurait, si ce n'est les auteurs même de ces funestes alarmes ?

CHAPITRE V.

De l'exigeance des partis à l'égard du ministère.

En cet état de choses, quelle doit être la conduite d'un ministère, placé entre les nécessités de notre existence et l'exigeance des partis ? Il doit tout à la fois défendre et rassurer la dynastie; protéger les intérêts anciens et nouveaux, calmer les craintes des uns et les regrets des autres; maintenir le repos que réclame surtout la nation et dont elle fait la condition essentielle de son attachement au pouvoir. Ces devoirs si compliqués n'ont sans doute rien de trop difficile, et ne constituent pas une œuvre contradictoire et impossible. Les Bourbons, une liberté sage et modérée, la conservation de toutes les propriétés, quelle que soit leur origine; tout cela se concilie, parce que tout cela s'adapte, se soutient réciproquement et doit concourir à l'organisation complète d'une société.

Mais qui rend cette tâche si difficile ? Ce sont

les partis qui, pour attirer le gouvernement à eux, veulent lui imposer leur système. Ils se plaisent à commenter la charte; ils l'entourent, l'observent, et ils imaginent les uns des ajouts, les autres des retranchemens, tous des modifications. C'est l'œuvre de l'artiste grec que chacun juge à sa manière, et qui n'aurait plus ni pieds ni bras, ni corps ni tête, si on écoutait le peuple des conseillers.

La charte a déclaré, il est vrai, que d'autres lois seraient présentées pour compléter le système constitutionnel, et qu'on acheverait le grand dessin dont elle n'a tracé que les principaux linéamens. Il est vrai, la charte a dit cela; mais a-t-elle dit qu'à tel jour, telle heure, tout serait fait, discuté, promulgué; qu'il y avait péril en la demeure; que l'état était perdu si l'on ne faisait vite, bien vite cette œuvre législative. Ainsi donc il faut se hâter, ne pas différer un instant de satisfaire l'impatience qu'ont les Français de se voir institués; et s'ils se plaignent le lendemain que tout ce qui est fait est à refaire, on recommencera de nouveau cette utile occupation, qui exerce l'activité nationale.

A entendre en effet toutes les demandes de lois, de réglemens, dirait-on pas que la nation française est sans institutions, qu'il n'y a point de communes, de gardes nationales, de lois criminelles, que l'on est à découvert de tout côté; que chaque chose est à faire ou à refaire; que la nation enfin n'est pas constituée? Dans les autres états, et jadis en France, la principale œuvre du pouvoir était non de constituer, mais de gouverner, c'est-à-dire de faire exécuter les lois, de régler les dépenses, de pourvoir à la sûreté générale, de protéger les arts et les sciences, d'observer l'industrie pour la diriger et la secourir lorsqu'elle en avait besoin. Les Sully, les Colbert, ne sont pas les plus glorieux des hommes pour avoir promulgué des codes volumineux, mais bien pour avoir perfectionné l'économie de l'état.

La France a contracté une manie qui lui a été reprochée depuis long-temps, mais qui n'en dure pas moins. C'est la manie législative. Depuis 1789 elle ne fait plus que des lois, et ne veut que des lois, qu'elle rapporte quelques jours après leur promulgation. La constituante épuisa le plaisir, et ne laissa rien à faire à ses successeurs. La convention exerça une terrible représaille contre cette anticipation, et remit tout à neuf. Elle se corrigea elle-même, car, devenue plus modérée, elle refondit son ouvrage. Le consulat refit le directoire, et l'empire le consulat. L'empire a distrait quelque peu le goût législatif en répandant du sang; ou l'a exercé obscurément en réglementant; mais tout à coup la passion s'est réveillée plus exigeante que jamais. Il semble que chaque ministère, que dis-je chaque ministère, il semble que chaque session doive porter des lois comme un arbre son fruit.

Chez une nation instituée, et une nation l'est toujours bien quand elle l'est, car l'ordre observé, quel qu'il soit, vaut mieux que l'ordre écrit; chez une nation instituée, dis-je, la principale et la plus importante affaire est la discussion du budget, le réglement de la dépense, l'application des secours nécessaires, l'économie enfin de l'état. Chez nous, le budjet est la moindre chose. On abandonnerait volontiers tout le budjet, pourvu que l'on pût emporter tel ou tel article d'une loi. Cependant, telle n'est point l'opinion réelle de la France, qu'on accuserait à tort d'une manie qui n'est pas la sienne, mais bien celle de ces hommes qui veulent faire des lois parce qu'ils ne savent pas faire autre chose.

La France entière, c'est-à-dire la nation industrieuse et productive, s'intéresse au budget plus qu'à toute autre chose. Elle écoute avec l'intérêt que l'on met aux théories, tout ce qui se dit sur telle ou telle mesure législative; elle écoute, ne semble pas toujours comprendre, se tait et n'est point émue. Mais qu'il s'agisse du budjet où l'on dispose du fruit de ses sueurs, elle est attentive, inquiète, empressée de savoir. Elle observe si on applique son bien où il doit l'être, si les privations qu'elle s'impose reçoivent leur destination véritable.

Cette direction de l'attention publique indique assez que l'œuvre importante du gouvernement n'est pas celle que voudraient lui imposer les faiseurs législatifs.

On prétend que la France n'est point instituée encore; que rien n'est fait chez elle ou du moins que tout est à changer. Il est vrai que tout n'est pas comme il doit être ; qu'il y a dans notre organisation politique des imperfections ; que, dans la multitude de nos réglemens de détail, les traces d'une volonté forte et despotique se font apercevoir ; que l'œuvre entière se sent de la précipitation des gouvernemens qui voulaient tout faire à la fois, parce que tous ont eu la vanité de fonder un empire. Cela est vrai ; mais cela empêche-t-il une administration sage et modérée de choisir convenablement et de ne réaliser par la pratique que ce qu'il y a de juste dans ce tout incohérent qui nous a été légué. Est-il vrai d'ailleurs qu'une loi soit intolérable, si elle n'est la meilleure possible ; que l'humanité ne puisse exister qu'avec telle forme et non avec telle autre ? Parcourez les différens codes, et voyez s'il est possible à l'imagination la plus bizarre et la plus féconde de supposer toutes les variétés de la législation des peuples ! Si l'on citait les constitution des Etats-Unis, si l'on vous proposait certaines coutumes des constitutions établies par Penn, ou Locke, ou Franklin, ou Wasingthon, vous vous recrieriez sans doute, et pourtant les Etats-Unis sont le seul peuple réputé libre en Europe. L'Angleterre qui s'est révolutionnée il y a un siècle et demi, n'est pas encore constituée comme vous l'entendez, et si l'on vous disait d'adopter la plupart des dispositions de son organisation intérieure, vous déclareriez l'état perdu, la liberté compromise, l'humanité outragée.

Le plus grand nombre de nos prétendus hommes d'état sont de vrais puristes en fait d'organisation sociale. Ils se tourmentent, et avec eux la nation, pour de certaines subtilités qui se perdent dans la macrhe des choses humaines. Quand on voit dans l'histoire avec quoi et par quoi les peuples ont été libres ; quand on se rappelle tout ce que l'auteur du contrat social voulait laisser subsister dans le gouvernement de la Pologne, on a pitié de ses disciples qui le comprennent si mal et qui agitent l'état pour les vanités de leur esprit.

Personne ne conteste que quelques-unes de nos lois ne soient à refaire. L'aveu en est dans la proposition d'une loi sur les communes et dans l'annonce de plusieurs autres. On nous en a tant dit, tant appris, tant fait supporter en ce genre, qu'il ne faut certes pas une grande étendue de génie pour être un législateur d'une bonne force. Tout le monde sait à peu près ce qu'il nous faut aujourd'hui. La difficulté est dans l'acceptation des mesures convenables. La dernière loi sur l'organisation municipale a été retirée : les uns y voyaient l'empire, les autres la féodalité. Il y a je ne sais quelle terreur d'imagination chez les partis. Ils sont comme les poltrons qui, poursuivis de l'image de leur ennemi, croient l'apercevoir partout.

Le ministère prévoyait sans doute l'issue de sa proposition. Mais il se devait de constater qu'on ne voulait point arriérer ce qu'on appelle le mouvement constitutionnel. L'expérience est faite, et il est bien démontré maintenant qu'une loi ne peut être portée si on ne la donne à un parti ; lequel, vainqueur aujourd'hui, pourra être vaincu demain et la loi rapportée. C'est la mobilité des succès qui a fait la mobilité de nos institutions : elles ont toujours été l'ouvrage des vainqueurs, et par conséquent variables comme la fortune.

Qu'est-ce donc que l'on veut ? une loi qui soit

l'ordre du jour du parti triomphant! alors elle est possible; sinon il faut s'arrêter, attendre et se réserver pour de meilleurs temps. Chaque parti reproche au ministère ses alliances, chacun lui dit : vous êtes avec nos ennemis, car, selon les partis, qui n'est pas pour eux est contre eux. Ces reproches se détruisent et les partis eux-mêmes justifient le ministère. Si le ministère avait des alliances, ils porterait des lois en rapport avec ces alliances, et elles passeraient. Mais il en a essayé une qui n'a pas été agréée. Il n'a donc fait aucune convention, et il est ce qu'il doit être, c'est-à-dire, sans engagement. Son attitude est celle de la nation, qui, calme et immobile au milieu des partis, les arrête, leur fait obstacle, et préfère attendre plutôt que de se précipiter d'un côté ou d'un autre.

CHAPITRE VI.

De l'inopportunité de faire en ce moment des lois organiques.

Il est donc impossible de porter des lois sans les donner à un parti ; et certes, s'il en est d'importantes, s'il en est qui ne doivent pas être livrées, comme une proie, à l'avidité des factions, ce sont celles qu'on exige, puisqu'il s'agit des communes, de la garde nationale et de la responsabilité ministérielle.

Or, je le demande, est-ce le moment de porter ces lois ? Ne faut-il pas un peu de repos à ce peuple tant agité ? Ne l'a-t-on pas assez organisé, classé, distribué de mille manières ? Irons-nous encore, après des secousses si récentes, le tourmenter dans ses habitudes les plus intimes, celles de la commune.

Le peuple français ressemble à une armée en

marche-manœuvres, que ses chefs fatiguent par des contre-marches continuelles. Il y a six ans que nous travaillons à établir une loi électorale, et nous l'avons déjà rapportée deux fois, sans en être encore satisfaits. Ne vaut-il pas mieux ne rien faire que d'avoir à refaire ? On s'épargne au moins les disputes, le temps perdu, les haines et les déplacemens. On n'augmente pas les préventions de la France contre ses lois, qu'elle s'est trop habituée à regarder comme des espèces de mercuriales qui changent d'un marché à l'autre. D'ailleurs, y aurait-il un si grand mal à attendre, à étudier un peu mieux l'esprit national, à connaître davantage le terrain sur lequel on se meut ? On nous parle d'émanciper les communes ; on gémit pour elles ; on déplore leur esclavage ; on vante leur sagesse ; on implore le moment de leur majorité ; eh ! quoi, elles ont quinze ans de tutèle, et elles ne pourraient pas en avoir vingt ! Mais il serait possible de les organiser mieux qu'elles ne sont..... Eh ! qui en doute... ?

La grande erreur du temps n'est pas de penser de telle ou telle manière sur une loi, mais de croire qu'il n'y a qu'une forme de loi possible,

et que tout le bonheur est là. L'esprit se préoccupe
de certains détails, et y place tout. Discute-t-on la
chose la plus indifférente, un article du réglement
des chambres, une disposition de librairie,
la supression de quelques commis ou le chauf-
fage d'un ministère, le salut de l'état est com-
promis, son avenir est dans une seule mesure,
souvent dans une acception étendue ou res-
treinte, dans une question grammaticale Certes, s'il s'agissait de l'égalité civile, de la répar-
tition uniforme de l'impôt, de la représentation
nationale, je concevrais cet empressement. Mais,
au lieu de cela, quelle question va-t-on élever?
celle de l'organisation municipale! c'est-à-dire,
qu'on veut ameuter les esprits le plus violem-
ment opposés, qu'on veut aborder les sujets sur
lesquels les opinions diffèrent davantage. Partisans de la famille, du pouvoir absolu, de l'é-
chelle sociale, de la souveraineté du peuple, des
magistratures électives, tous ont leurs idées fai-
tes, et porteront sur l'objet dont il s'agit l'en-
têtement et la prévention. Vous aurez à vaincre
ou à concilier tous les systèmes retranchés sur
un seul point. Ce n'est rien toutefois que la dis-

cussion. Mais supposez la loi rendue ; supposez qu'il y a consentement; obtiendra-t-on qu'ils élisent ! On a tant obligé les Français à se mêler de leurs affaires, qu'ils souffrent d'en entendre parler. Il faut les violenter pour les conduire dans les cours d'assises y remplir leurs fonctions de jurés ; il faut des proclamations, des distributions de listes, des sollicitations pressantes ; il faut des invocations à l'amitié pour les conduire à donner leur voix à un député, et l'on veut encore les charger d'administrer leurs affaires communales ! Certainement la France n'a pas donné sa démission; elle n'aspire pas à se faire interdire, mais elle est fatiguée, elle n'a aucune confiance à des lois tant discutées, à des dispositions tant combattues, et qui sont comme un poste militaire pris et repris vingt fois. Elle est peu disposée à se plier aux essais des partis, et quand il y aura un peu plus d'accord et d'unanimité, alors elle croira peut-être à un bien moins contesté.

S'agit-il de la garde nationale ? mais n'y en a-t-il pas une fidèle, dévouée à ses devoirs, exacte à les remplir ? Que faut-il de plus ! des lois qui

lui disent d'aimer le trône et la liberté ? Croit-
on ajouter à ces dispositions si elles existent, ou
les inspirer si elles n'existent pas ? Erreur. Une
garde nationale est instituée lorsque ceux qui la
composent ont une giberne pour porter des car-
touches, un mousquet pour faire feu, un uniforme pour se rallier et marcher ensemble; alors
elle peut s'organiser au sein même du désordre;
elle peut au milieu d'une nuit que les factieux
agitent, montrer à tous les partis la nation calme,
vigilante, unanime, et forte de son énergie. Voilà
l'utile, et nous l'avons. On a beau faire, la milice nationale est une milice de Français; elle a
le cœur et la tête de la majorité; les lois ne
l'exagéreront ni dans un sens ni dans l'autre. Il
y a, dit-on, des mesures à prendre pour compléter son organisation. Oui, mais du mieux, et
un mieux qui n'est pas l'essentiel, qui nous agi-
terait et que d'ailleurs nous ne pouvons pas distinguer à l'heure qu'il est.

Enfin, on s'inquiète beaucoup de la responsabilité des ministres; et on est étonné d'entendre
à cet égard les assertions les plus étranges. On
dirait que nous sommes livrés, pieds et poings

liés, à la félonie ministérielle; qu'il n'y aurait aucun m yen de punir un traître qui vendrait le trône ou la patrie ? Quoi donc ! la tête de tous les ministres n'est-elle pas sous la main de la nation ? La proposition n'a-t-elle pas été faite récemment d'accuser le président du ministère ? Si les députés n'avaient pas déclaré la proposition insensée et atroce ; si l'accusation avait été portée devant la Cour des Pairs ; si cette haute magistrature vengeresse des grands attentats eût déclaré le crime ; le crime n'aurait-il pas été puni, et les terribles lois de la sûreté de l'état n'auraient-elles pas été appliquées ? Mais on veut définir, catégoriser, faire un tableau analytique des délits ministériels ! Eh ! c'est parce qu'on définit que le délit échappe ; car il ne peut pas toujours entrer dans le moule qu'on lui fait. Il n'y a pas d'ailleurs à distinguer entre les actes ministériels, parce qu'on ne saurait saisir précisément aucune des manières de tromper et de trahir l'état. On ne peut y voir qu'un caractère général de trahison ou de fraude ; et dès qu'il s'y trouve, il faut punir l'acte quel qu'il soit. Si on veut traiter l'ineptie, l'impudence , etc., comme

un crime, alors on censure les choix du prince,
qui répond des talens, et qui a seul à en répondre.

Quelle est donc cette immobilité imputée au
ministère? Les partis lui reprocheraient-ils de
ne pas faire ce qu'ils rendent impossible? Vou-
draient-ils le charger de leurs propres refus?
Et puis, est-il donc si pressant de compléter
nos lois; d'ajouter quelques morceaux à notre
musée législatif; de nous agiter pour une victoire qui désespérera les vaincus, ne satisfera
pas les vainqueurs, et troublera la paix dont
l'industrie a besoin!

CHAPITRE VII.

De l'exécution dans le gouvernement représentatif.

Le pouvoir est immobile et ne marche pas! Cela voudrait-il dire que ses allures ne sont pas assez dégagées, assez lestes; qu'il ne heurte pas assez fortement contre les obstacles qu'on lui oppose? Je suis tenté de le croire. Les peuples aiment quelquefois à être battus. La douceur leur fait honte. Il est dans leur nature de faire peur ou d'avoir peur.

Quand la nation eut échappé aux mains sanglantes de la Convention pour tomber dans celles du Directoire, elle raillait, toute pâle encore de terreur, la faiblesse de ses nouveaux maîtres. Et maintenant, épuisée par vingt années de fatigues et de batailles, elle profite de la première halte pour se plaindre. Il y a toujours eu chez nous un vice bas, l'oisiveté envieuse qui fronde ceux qui agissent, insulte ceux qui donnent leurs veilles, et raille ceux qui versent leur sang. Mais que veulent donc les hommes qui demandent à être fortement gouvernés? Est-ce l'énergie des Stuarts qu'ils sollicitent? est-ce un grand justicier tel que Jefferies qu'ils ambitionnent? est-ce un ministre unique à la manière du cardinal de Richelieu qu'ils regrettent?

C'est ignorer la nature du ministère, dans une monarchie constitutionnelle, que de parler comme on l'a fait de l'action du nôtre. Plus les pouvoirs sont divisés dans un état, et plus ils se balancent et par suite s'affaiblissent. Lorsqu'un seul homme pense, veut et exécute, il y a rapidité et liaison. Mais quand la pensée est séparée de l'action; quand la première est attribuée à des corps délibérans, et la seconde à un chef, roi ou autre, il y a déjà division, lenteur, concours de divers moyens, et par conséquent moins de précision, moins d'unité, moins de force.

Que si le monarque chargé de l'action, la détache de lui et la confie à des agens responsables, mais indépendans les uns des autres, il y a une nouvelle division qui ralentit encore la célérité et la vigueur des mouvemens : l'action n'est plus qu'une vaste coopération à laquelle chaque ministre prend part. Or, tout ministre a sa volonté, prix de sa tête qu'il met en gage ; il a le droit de se prononcer pour ou contre telle mesure ; et, dans les corps délibérans, l'individu peut beaucoup plus pour empêcher que pour faire. C'est ainsi qu'on voit les ministères se partager ; et là, comme ailleurs, la minorité se soumettre à la majorité. Leur conduite n'est plus alors qu'un mélange de chacun des hommes qui composent l'ensemble. C'est une combinaison de force, de modération, de faiblesse, d'opinions diverses qui s'exaltent, se calment et se neutralisent réciproquement. Le tout devient une proportionnelle, un milieu, qui ne fait ni trop ni trop peu, et c'est peut-être le mieux.

Tout délibère dans le gouvernement représentatif : le pouvoir qui exécute, comme celui qui porte la loi. Or, une action délibérée n'est ni aussi prompte ni aussi caractérisée, je le répète, qu'une action résultat spontané de la volonté d'un seul. Il faut donc vouloir en entier ce qu'on veut, et puisqu'on demande la liberté, la souffrir partout. Il faut la souffrir avec ses lenteurs, ses hésitations et ses partis mitoyens. Si une telle condition vous semble trop dure, permettez qu'un ministre soumette ses collègues, subjugue son maître, et s'armant à lui seul de toute la puissance, brise tout de sa volonté, écrase une moitié des opinions et des intérêts, et règne autant que le peut la force en délire. Alors, s'il ne tombe pas au milieu du désordre, s'il meurt tout armé, il léguera, comme Richelieu à ses successeurs, les guerres de la fronde, c'est-à-dire la réaction de tous les intérêts opprimés. Si vous n'avez point un maître aussi terrible, vous aurez peut-être un Pitt, car pour envahir ses égaux et les dominer, il faut au moins un homme passionné pour ses idées. Cet esprit systématique vous jettera dans une route et vous y poussera fortement, sans doute; reste à savoir si en la suivant vous ne vous égarerez pas. Demandez à l'Angleterre si elle ne se fut point passée du génie de Pitt; si, malgré la puissance qu'il semble avoir donnée à sa patrie, il ne l'a point engagée dans un système qui la perdra.

D'ailleurs, ces dominateurs sont des phé-
nomènes humains ; chaque siècle en produit
très-peu. Le petit nombre de ceux que la nature
accorde à l'espèce se disperse, et difficilement il
en arrive au pouvoir. Quand l'extraordinaire est
si rare et surtout si dangereux, n'est-il pas sage
de se contenter de ce qui est bien, sans vouloir
au-delà ? Au reste, si, pour nous délivrer des
maux dont on nous menace, le ciel nous pré-
pare aujourd'hui un sauveur, sa mission sera
sans doute autrement constatée que par un
livre.

CHAPITRE VIII.

Des véritables dangers de notre état actuel.

On a dit avec quelque raison, que se plaindre toujours de ce qui se fait, sans indiquer comment il faudrait faire, c'est prouver de l'inquiétude, de l'aigreur, et point de génie. Aussi, afin d'éviter l'objection, ne manque-t-on pas aujourd'hui de donner au gouvernement une instruction très-détaillée sur la conduite qu'il doit tenir pour contenter et occuper la nation, et particuculièrement sur la nature des choix qu'il doit faire ; on lui a promis même la reconnaissance s'il choisissait bien.

Il faut, dit-on, occuper la nation, exercer son activité. Il y a diverses manières de l'exercer ; c'est d'armer en guerre, de franchir la frontière et d'aller chez nos voisins, pour que la nation s'occupe à lire des bulletins ; c'est encore de se jeter vers un parti, et, par exemple, d'inféoder les terres, d'armer tous les Français chevaliers, ou, si l'on aime mieux, de faire de notre monarque un président, et de nos départemens des Etats-Unis ; tout cela est nouveau, prononcé, et doit frapper l'imagination populaire. Si l'on ne veut pas de tous ces moyens, eh bien ! que l'on bâtisse. Nous imposerons l'industrie, nous élèverons une pyramide, et on gravera dessus : « Quand la nation française, obligée de rester « chez elle, ne sut plus à quoi passer son temps, « elle entassa des pierres pour faire quelque « chose. »

Parlons sans raillerie : n'est-il pas étrange qu'on demande à un gouvernement de flatter par des spectacles la mobile imagination d'un peuple. On veut avoir l'air de conseiller, et on ne conseille rien en effet ; je ferai, dit-on sans cesse, et on n'indique rien de possible ; c'est trop ressembler aux Athéniens sans en avoir l'esprit.

On donne à la France une imagination qu'elle n'a pas, ou du moins qui n'est que dans quelques-uns de ses citoyens. La cause du malaise vient d'ailleurs, et nous la signalerons tout à l'heure. Il faut avant dévoiler un sophisme que font souvent les partis. Dès qu'ils reconnaissent un mal dans la société, ils l'attribuent à leurs adversaires. Il y a de l'inquiétude en France, des douleurs sourdes, des vices, beaucoup moins qu'ailleurs certainement, mais beaucoup trop encore; à entendre les uns, c'est l'absence de la religion et des institutions monarchiques; à entendre les autres, c'est l'envahissement de l'aristocratie et l'oisiveté de l'imagination nationale. En Angleterre, même chose a lieu. Un vice fondamental s'y fait sentir, et tous les partis se l'imputent, au lieu d'en rechercher la véritable cause, qui est dans l'état des classes ouvrières de la nation.

En France, tout ce qui travaille, tout ce qui, dans les ports, concourt à l'expédition des navires, dans l'intérieur, à l'action des manufactures; tout ce qui est courbé sur la terre, la sillonne et l'ensemence; tout ce qui plaide ou guérit, et contribue enfin à donner ce ravissant spectacle d'une nation occupée, active, et riche de ses produits journaliers; tout cela, dis-je, est tranquille et heureux, sans crainte de l'avenir, sans appréhension d'une aristocratie faible, ruinée, parce qu'elle ne travaille pas, et qui mourra comme la cigale des refus de la fourmi. Mais voici où est le mal. Dès qu'une fortune est faite, elle est inquiète et ambitieuse, et veut se pousser, non à acquérir davantage, mais à monter d'un degré. Le laboureur qui a gagné veut placer ses enfans au-dessus de lui; ainsi de l'artisan, du commerçant et des autres classes. Chaque père prend ses enfans, et veut les élever au-dessus de sa tête. Joignez à tout cela un superflu de population, depuis qu'on a arrêté les fléaux, depuis qu'on ne va plus mourir à Saint-Domingue ou ailleurs, depuis que la basse classe, ayant sa ration doublée, produit en proportion de ce qu'elle mange. Toute cette population se déplace, se jette au milieu des différentes conditions, s'élève en raison de son intelligence, et forme un mouvement ascendant qui doit inquiéter ceux que frappe l'état actuel de la société.

Cet homme récemment tombé du trône, et plus récemment enlevé du monde, qu'il avait étonné; cet homme dont l'élevation rapide était la mesure de tout l'espace qu'avait franchi le peuple, et que ce peuple voyait avec plaisir, parce qu'il disait : lui, c'est moi ; cet homme, dis-je, s'était élancé des premiers, et, arrivé bientôt en tête de la marche, l'avait dirigée ; il vit les existences s'agitant partout, dans les assemblées pour obtenir la toge, dans les armées pour acquérir le bâton du commandement ; il se fit suivre par elles, et les conduisit sur les champs de bataille pour en débarrasser l'état. De là cette douleur des mères, qui voyaient périr le fruit de leurs entrailles, et cette joie des fils qui allaient à la gloire et à la mort, enfin à l'agrandissement d'eux-mêmes. Tel a été l'état de la société sous notre vainqueur, et tel il n'a pas cessé d'être. Le mouvement continue encore, mais il a changé de direction ; ne pouvant plus se porter en dehors, il se concentre en dedans, et, les hauteurss n'étant pas incessamment déblayées par le boulet, il y a encombrement et lutte. Ceux qui veulent arriver demandent l'égalité ; ils se plaignent de préférences injustes. J'admets qu'il y ait eu des faveurs accordées à l'amitié ou aux malheurs de l'exil ; mais, de bonne foi, à qui donnerait-on, si ce n'est à ceux que l'on aime, ou que l'on connaît? D'ailleurs, ces faveurs auraient-elles pu suffire à tout ce qui prétend s'élever? Parmi ces conseillers du pouvoir en est-il quelqu'un qui se charge de renouveler ici le miracle des cinq pains?

Une jeunesse sortie de toutes les classes, issue de pères qui veulent ou agrandir ou relever leurs maisons, étudie les lois, l'art de guérir, celui de la guerre, se jette sans capitaux dans les spéculations commerciales, et charge la société de surnuméraires. Dans son inquiétude, elle demande, crie, se plaint, et préfère des deux opinions régnantes celle où l'on parle du mérite et de l'egalité; car elle a du mérite, et elle a besoin d'égalité pour parvenir. Enfin, elle est toujours prête à imputer son oisiveté et sa misère au pouvoir qui n'y peut rien, et qui tremble des égaremens d'une population forte, nombreuse, pleine de bons sentimens, mais déplacée. Ce sang généreux qui bouillonne, un maître impitoyable l'avait fait sortir de nos veines; mais comment le calmer? Est-ce là ce qu'on veut dire, en parlant de l'activité nationale qu'il faut exercer? Je n'en connais pas d'autre cause, et tous les remèdes à un tel mal me semblent effrayans.

On se plaint de ce qu'on a voulu rendre l'instruction plus difficile. Expliquons-nous : Si on empêchait cette égale distribution de lumières qui est nécessaire à tous les citoyens pour connaître leurs droits, les défendre, et ne pas se laisser égarer, ou si on empêchait, par quelque moyen, le génie qui doit devancer l'espèce et la conduire en avant, de faire des progrès, je dirais avec vous que les devoirs envers l'humanité ont été violés; mais quand on rend l'instruction spéciale plus difficile, quand on empêche les classes inférieures de se déplacer trop facilement, on prend une mesure sage. On ne commet qu'une faute, c'est de ne pas faire assez, c'est de ne pas rendre les professions libérales accessibles au seul homme riche. On dira que par là beaucoup de talens seraient perdus. Et que direz-vous de tous ceux qui expirent courbés sur la charrue, le mousquet sur le bras, la navette à la main, ou au milieu des mers. Croyez-vous que le génie n'y soit pas, et qu'il n'y meure pas tous les jours en Dieu inconnu? S'il est transcendant, laissez-le faire, il n'a pas besoin de votre secours, il n'a pas besoin que vous lui tendiez la main ; attendez, il déploiera ses ailes, et volera bientôt au-dessus de vos têtes.

Oui, point de faveurs, point d'injuste préférence ; point d'avantage pour le jeune patricien ; l'égalité toute entière, c'est-à dire le mérite tout nu, comme le conscrit qui passait sous la toise. Mais qu'on ne fasse point un appel indiscret, qu'on ne permette pas à tous de s'essayer à avoir du mérite, car après on est embarrassé des essais malheureux. Un père, dont le fils n'avait pas réussi à se faire peintre, et s'était fait tambour, disait : *mon fils a quitté la peinture pour la musique.* Voilà un père d'humeur assez gaie, mais tous ne sont pas ainsi, et les fils le prennent un peu moins bien. Tel est le mouvement ascendant qu'il faut arrêter, si on ne veut un effrayant déplacement de forces et une ruine entière de la société. Voilà ce qu'est cette activité nationale dont on parle si fort ; ce n'est point une vaine imagination populaire qu'il faut amuser par des spectacles, c'est une faim qu'il faut nourrir.

Je vois le mal, et je conviens que j'ignore les moyens les plus sûrs de le guérir. Peut-être des obstacles, des refus sans privilége, du calme, du repos; plus de bruit, plus d'espérance de désordre ni d'avancement extraordinaire, seraient des moyens efficaces. Alors, quand toutes les existences sauraient qu'il n'y a plus rien à gagner là haut, elles s'arrêteraient; et comme la sagesse suprême a tout disposé d'une manière merveilleuse, comme tout tend à l'équilibre, il y aurait une direction nouvelle, et la tête obstruée serait soulagée.

CHAPITRE IX.

Du langage qui conviendrait au ministère.

Si on avait un reproche à faire au minis-tère, ce serait peut-être d'avoir des ménagemens pour les mensonges des partis; de ne pas faire connaître à fond notre position; et comme c'est avec des réalités qu'on a à traiter, de ne pas les dé-voiler toutes. Pourquoi balbutier, pourquoi dé-guiser les véritables nécessités de notre situa-tion?

On doit dire aux uns : que vous aimiez ou non les Bourbons, que vous reconnaissiez ou non la validité de leurs droits, ils possèdent, ils règnent, et par la volonté de l'Europe, et par la puissance du fait. Il faut qu'ils règnent parce que vous n'avez personne à mettre à leur place. Si on cherchait parmi vous des remplaçans, il s'en présenterait mille, on ne saurait à qui en-tendre. D'ailleurs tous les princes vont au gou-

vernement représentatif. Soyez vigilans et mo-
dérés, et vous les obligerez à faire leur devoir,
si la pensée leur venait de s'en écarter.

On doit dire aux autres : que vous aimiez ou
non la liberté, il la faut, parce qu'un peuple entier la veut, parce qu'elle est acquise, parce que
plus rien de ce qui est ne doit être détruit.

On doit dire à tous : fléchissez sous la nécessité,
soyez fidèles, libres et heureux. Vous avez chacun des préjugés, des préventions aveugles,
et une ambition coupable. Il faut exister ensemble, et, au lieu de vous irriter, vous guérir les uns par les autres. En vivant avec la famille de vos princes, vous apprendrez à les aimer ; en vivant avec la liberté, vous vous ferez
à elle. Mais vous demandez le mieux ; vous voulez un jour d'une institution, un jour d'une autre. Comme des désœuvrés qui désirent tout
ce qui leur passe dans la tête, vous demandez le bonheur à toute chose. Soyez occupés et
résignés, attendez du temps l'effet de vos lois ;
cet effet sera plus salutaire que vous ne le croyez.

Ainsi, sans demander au ministère une énergie qui n'et pas possible à un corps complexe

et délibérant, sans prendre le ton des petits-maîtres politiques qui tranchent ou régentent, j'oserai conseiller à ce ministère de parler avec force et franchise. La vérité en existe-t-elle moins parce qu'on la déguise ?

Là où sont des intentions coupables, des sentimens ennemis, qu'on n'hésiste pas à les dévoiler, et que sans reproches, sans injure, on leur oppose l'invincible nécessité devant laquelle tout se tait, les besoins et les passions de l'homme.

CHAPITRE X.

Conclusion.

Rien n'est plus ridicule, à notre avis, que l'orgueil des partis, lorsque la France prospère, lorsque les fonds s'élèvent, lorsque la moisson est abondante et le commerce avantageux. Ils s'en applaudissent comme s'ils étaient la France elle-même, et comme si les fruits de la paix étaient attribuables à ceux qui ne veulent que la guerre.

Ces biens, selon eux, sont l'effet de l'énergie productive de la nation, et, loin d'avoir lieu par le gouvernement, ont lieu malgré lui. Nous voudrions savoir, en effet, si c'est au gouvernement à ensemencer les terres, à filer les tissus, à mettre à la voile, à spéculer avec l'étranger. Sans doute, il doit concourir à la grande œuvre sociale, mais c'est en la protégeant. Et quand le travail s'est exécuté, quand aucun désordre n'est venu l'interrompre, la veille a été bien faite, et celui qui était chargé de veiller, le gouvernement a fait sa tâche; il mérite vos éloges, il a fait tout ce qu'il pouvait, c'est-à-dire bonne garde.

Ce n'est pas lui, ajoute-t-on, qui nous a valu le repos; les circonstances lui ont été favorables, et voilà tout. La reconnaissance me pèse comme à un autre, et je n'aime point à payer ce qui n'est pas dû. Mais si autre chose qu'un fléau naturel avait arrêté le progrès de l'industrie, n'aurait-on pas reproché au gouvernement son incurie et son imprudence? Vous aviez, lui dirait-on, notre or, nos bras, notre obéissance, et vous n'en avez rien fait.... On lui attribuerait ainsi un mal préparé dès long-temps peut-être par des gouvernemens précédens. Pourquoi donc, si on lui impute les mauvaises chances, ne pas lui tenir compte des bonnes? Dans l'impossibilité de démêler l'origine du bien et du mal, il faut le donner à ceux sous lesquels il se manifeste. Il y y a ainsi chance égale d'erreur, c'est-à-dire justice, car, si quelquefois on leur prête un bien qu'ils n'ont pas produit, on leur reproche souvent aussi un mal dont ils ne sont pas la cause.

Un parti voulut naguères accuser un ministre. L'accusation était indécente et odieuse, et fut partout désapprouvée; mais enfin si on a été jusqu'à imputer à un homme placé si haut, le délire inconnu et secrétement fomenté d'un scélérat, pourquoi refuser d'attribuer à un gouvernement le bien-être dont jouit tout une nation?

S'imaginerait-on que le repos est un état naturel? qu'il n'y a point de volonté à contenir, point de malveillans à effrayer, point de sentimens dangereux à combattre? Toute l'Europe a été en insurrection autour de nous; elle l'est encore. Les fléaux de la guerre et de la contagion nous entourent; les cris de la douleur retentissent jusqu'à nous, et nous sommes paisibles. Nous avons gardé au milieu des troubles une honorable neutralité. Nous savons qu'aux yeux des partis, cette neutralité même est coupable; car ils voulaient qu'on contractât avec leurs pareils une alliance qu'ils réclament instamment dans le sein de la France. Mais qu'ils conviennent cependant, que si cette neutralité n'était ni dans leur intérêt ni dans leurs passions, il y a du moins quelque mérite à l'avoir gardée pour un ministère à qui c'était un devoir de la garder. Nous ne demandons point que certains noms soient gravés sur le bronze ; nous ne désirons même pas qu'on impute le bien à aucun homme en particulier, car il est souvent l'effet de volontés qui s'empêchent l'une l'autre, mais enfin on n'a pas voulu le mal, et c'est assez ; c'est beaucoup. Tant de gouvernemens l'ont voulu, qu'il faut savoir quelque gré à ceux qui ne le veulent pas. Ne soyons point une nation toujours imprudente, qui égare ses gouvernemens par un fol enthousiasme, ou bien les raille, les dédaigne, les décourage. Rendons justice si nous voulons qu'on la mérite ; ne réduisons pas ceux qui conduisent nos affaires à se passer de notre suffrage et à se payer de cinquante mille écus.

Nous savons que beaucoup d'intérêts sont souffrans, que beaucoup d'hommes n'ont pas tout ce qu'ils espéraient ; qu'on pourrait avoir, selon d'autres, plus de liberté sans danger ; nous savons que le mieux est partout apercevable, s'il n'est pas toujours possible. A qui la faute?

N'est-ce pas à l'ensemble des choses, qui se pressent, se heurtent, se froissent dans leur marche? Au milieu d'une telle tourmente, quel pilote peut se charger de conduire le vaisseau sans agitation et sans secousse?

On fait à tout ceci une réponse : « La justice, « dit-on, est quelque part; que le gouvernement « sache la discerner, et qu'avec un bras inflexi- « ble, il la fasse exécuter. Alors chacun se « soumettra. »

Ainsi les partis, obsédés de l'idée qu'ils ont raison, demandent un jugement rigoureux. Eh ! qui peut se flatter de discerner cette justice absolue ; qui peut espérer de la rendre évidente ; qui aura la force de l'exécuter au milieu des cris de ceux qui auront été condamnés ?

Accepter des transactions, est donc une chose nécessaire, et les partis, tout en croyant qu'ils ont droit à davantage, doivent sacrifier le surplus à la paix publique. D'ailleurs comment s'y pren- nent-ils pour justifier leur exigeance ? ils invo- quent l'intérêt de la nation. Eh bien ! qu'ils l'in- terrogent cette nation dont ils se disent les or- ganes! ils sauront que, calme, mais incertaine sur le mieux qu'on lui promet, elle est satisfaite de ce qu'elle possède. Qu'ils ne soient donc pas plus difficiles qu'elle-même, et lorsqu'elle consent à transiger, qu'ils transigent.

Chacun a sa conviction. Eh ! qui en doute ? Qui ne croit savoir où est le bien, le mal, le juste, l'injuste ? Qui ne voit une route et ne voudrait la suivre ? Mais il faut renoncer à sa conviction comme à son propre intérêt. Le juge qui décidant de la vie ou de la fortune des citoyens, se soumet à la majorité de ses collègues, et consent à condamner ce qu'il regarde comme l'innocence et le bon droit, fait ou doit faire le plus grand des sacrifices. Qu'il en soit ainsi de tous ceux qui disputent pour le commun intérêt de la patrie.

Soyons équitables. Y eut-il jamais plus de liberté ? Dit-on jamais avec plus de licence ce qu'on pense contre l'autorité ? Jamais l'instruction fut-elle plus généralement répandue ? Jamais vit-on dans une nation un plus grand nombre d'hommes initiés aux questions qui l'intéressent ? L'esprit humain en France fut dix ans en délire, quinze ans en stupeur ; depuis six ans il est en marche, et il avance dans toutes les sciences à la conquête de la vérité. Nous n'avons pas été vaincus, mais, si nous l'avions été, nous pourrions dire au moins que nous sommes les précepteurs de nos vainqueurs. Lisez les Anglais que nous nommions nos maîtres, et voyez s'ils ne seront pas bientôt contraints à devenir nos disciples.

Que n'aurai-je pas à dire à ceux qui invoquent sans cesse la morale et la religion. Jamais l'une et l'autre furent-elles plus respectées? On ne peut pas exiger la conviction générale si elle n'y est pas, mais tout au plus les ménagemens exterieurs; et quoi qu'il y ait maintenant dans les esprits, quand y eut-il plus d'égards dans les discours? La philosophie elle-même, qu'on avait accusée dans le siècle dernier, de s'égarer et de renverser toutes les croyances consolantes et nécessaires à l'homme, n'est-elle pas revenue sur ses pas? ne donne-t-elle pas ses soins à rétablir ce qu'elle avait détruit dans un égarement de jeunesse? Soyons donc justes envers notre temps. Il y a du mérite à relever le mal, mais il y a de l'injustice à méconnaître le bien.

Français, il reste une dernière douleur, dont j'ai différé de parler. Il vous est dur qu'on se permette de traiter en Europe sans votre agrément; jadis vous étiez les premiers consultés, maintenant il n'en est plus ainsi. Mais attendez, la force est toujours la force, comme la vérité est toujours la vérité. Français de Quiberon, je plains vos malheurs; Français d'Austerlitz, j'aime votre gloire; mais vous n'êtes tous qu'un même peuple. Si la patrie vous appelle, vous entendrez sa voix, et, réunis sous les mêmes enseignes, votre valeur décorera les drapeaux de Denain des palmes de Friedland. Le passé n'est plus, les regrets ne le font pas revivre; mais l'avenir est à nous, et votre sagesse en fera l'immortel héritage de la génération qui nous suit !

FIN.

IMPRIMERIE DE C. L. F. PANCKOUCKE.